AF382273

LE TAOÏSME

La voie du tao, une doctrine ouverte et plurielle

Par Aurélie Raymond
Sous la direction de Aurélie Le Floch

50MINUTES.fr

LE TAOÏSME

LA VOIE DU TAO, UNE DOCTRINE OUVERTE ET PLURIELLE

- **Naissance de la religion ?** Ve siècle av. J.-C.
- **Où ?** En Chine.
- **Fondateurs ?**
  - Laozi ou Lao-tseu (vers le VIe siècle av. J.-C.-vers le Ve siècle av. J.-C.), auteur du *Daodejing* ou *Tao-tö-king* (le *Livre de la Voie et de la Vertu*, dont le texte actuel date environ du IVe siècle av. J.-C.), texte fondateur dans lequel il expose les principaux enseignements du taoïsme ;
  - Maître Zhuang ou Tchouang-tseu (vers le IVe siècle av. J.-C.), père d'un autre texte fondateur du taoïsme auquel il donne son nom, le *Zhuangzi* (vers 350 av. J.-C.-275 av. J.-C.).

Philosophie et religion aux multiples visages, le taoïsme plonge ses racines dans l'Antiquité chinoise, il y a plus de 2 500 ans. Avec le confucianisme et le bouddhisme, la religion taoïste fait partie des trois écoles de pensée de la Chine reconnues pendant plus de 1 500 ans par l'État impérial. Au VIᵉ siècle avant notre ère, son fondateur, le célèbre Lao-tseu ou Laozi, en érige les principaux enseignements dans le *Livre de la Voie et de la Vertu*.

D'autres textes laissent également une empreinte durable sur cette doctrine ouverte, mouvante et protéiforme, en particulier le *Zhuangzi* attribué au philosophe Maître Zhuang ou Tchouang-tseu, et le *Yijing* ou *Livre des mutations*, un texte d'obédience confucéenne dont le taoïsme est très fortement imprégné.

Dans la conception taoïste, l'être humain est une image de l'Univers qui fonctionne comme un corps cosmique appréhendé dans sa globalité. L'individu doit trouver l'harmonie avec la nature, en tenant compte des énergies complémentaires du féminin et du masculin, et de l'équilibre du yin et du yang. Les nombreuses pratiques, tant psychiques que corporelles, visent toutes à parvenir à l'unité pour se fondre dans le tao, c'est-à-dire le principe d'ordre qui permet l'unité de l'Univers.

La sagesse taoïste, où se mêlent rituels et croyances populaires, questionnements philosophiques et spirituels, a traversé les siècles, imprégnant durablement la culture chinoise et une grande partie de l'Extrême-Orient. Une quête d'harmonie et d'immortalité qui résonne aujourd'hui de manière vivante jusqu'en Occident.

UNE BRÈVE HISTOIRE DU TAOÏSME

LES « PÈRES » DU TAOÏSME

Il est difficile de dater précisément les origines du taoïsme. Durant l'Antiquité chinoise, plusieurs textes et différents courants de pensée se sont agrégés au fil du temps pour former ce que l'on a appelé le « taoïsme » au Ier siècle avant notre ère.

Lao-tseu et Tchouang-tseu sont considérés comme les « pères » du taoïsme, le *Daodejing* et le *Zhuangzi* exprimant un courant distinct du reste du monde religieux, dédié aux cultes d'immortalité.

Lao-tseu

La plupart des historiens font naître le taoïsme avec Lao-tseu, à qui l'on attribue la paternité du *Livre de la Voie et de la Vertu*. Les informations historiques sur sa vie sont peu fiables et très incertaines. Il aurait vécu entre le VIe et le Ve siècle av. J.-C. dans le pays de Chu (ancien État chinois né au VIIIe siècle av. J.-C.) à la cour des Zhou (dynastie royale chinoise, vers 1025 av. J.-C.-vers 256 av. J.-C.) en tant qu'archiviste-astronome, et y aurait rencontré Confucius (sage chinois, vers 551 av. J.-C.-479 av. J.-C.).

| Brûleur d'encens représentant Lao-tseu sur son buffle, vers le XIVe siècle (Chine).

Premier Immortel du panthéon taoïste, Lao-tseu fait l'objet de nombreux mythes qui se développent à partir de la dynastie Han (206 av. J.-C. -220 apr. J.-C.). D'après la légende, il serait né sous un prunier après une gestation de 81 ans, avec des cheveux blancs, d'où son nom de « vieil enfant » (ou « vieux maître »). Certaines versions du mythe affirment aussi que sa conception serait liée à l'ingestion par sa mère d'une prune. D'autres racontent que sa mère aurait aperçu une comète ou un dragon volant alors qu'elle était assise sous un prunier.

À l'instar de Bouddha (Siddharta Gautama, fondateur du bouddhisme, vers 560 av. J.-C.-vers 480 av. J.-C.), Lao-tseu présente à la naissance des caractéristiques physiques extraordinaires, par exemple un croissant sur le front, une bouche carrée et trois ouvertures à ses oreilles. Adulte, il aurait quitté son pays par l'ouest, chevauchant un buffle, et aurait dicté au gardien de la passe de Yinsi (province de Shaanxi, Chine) qui l'en priait les 5 000 caractères de son ouvrage fondateur.

Considéré comme une manifestation du tao (la « vérité ultime »), ou comme un homme cosmique fondu dans le tao, Lao-tseu peut prendre, selon les croyances populaires, jusqu'à 81 formes différentes pour transmettre au monde son enseignement. Dès le IIe siècle, il est érigé au rang de divinité et fait l'objet d'un culte fervent. Les sources hagiographiques (biographies élogieuses, embellies voire inventées de la vie des saints) rapportent qu'en 142, Lao-tseu serait descendu sur Terre pour nommer un patriarche, Zhang Daoling (vers 30-vers 156), Maître céleste, faisant de lui le messager chargé de délivrer le monde de ses démons. Une révélation à l'origine de la création du mouvement des Maîtres célestes, première forme véritablement organisée de la religion taoïste.

Les Chinois attribuent aussi à Lao-tseu plusieurs réincarnations à travers lesquelles il joue un rôle de conseiller politique de premier plan : tous les maîtres légendaires ou avérés des empereurs sont ainsi considérés comme étant des manifestations du sage.

Le *Daodejing*, aux origines du taoïsme

Dans le *Livre de la Voie et de la Vertu* (*Tao-tö-king* ou *Daodejing*), texte fondateur probablement daté du IVe siècle avant notre ère, Lao-tseu évoque les ascètes de la période des Royaumes combattants (481 av. J.-C.-221 av. J.-C.), partis se réfugier dans les montagnes pour retrouver une communion avec la nature, en quête d'une sagesse véritable. Le sage y développe la notion de « tao » ou « vérité ultime » qui donnera son nom au taoïsme, et en particulier au taoïsme philosophique (c'est-à-dire un taoïsme antérieur renvoyant à la pensée de Lao-tseu et Tchouang-tseu avant qu'elle ne soit introduite comme religion d'État). Ce texte élabore une vision du monde fondée notamment sur la sérénité et le « non-agir ». De nombreux chercheurs estiment qu'il pourrait être l'œuvre de plusieurs auteurs.

> « Je ne connais pas son nom,
> Son appellation est la Voie (Tao)
> Forcé de le nommer, je le dirai Grand. »
> (LAO-TSEU, *Tao-tö king*, chap. XXV, Paris, Gallimard, coll. « Folio sagesses », 2002)

Tchouang-tseu et le *Zhuangzi*

De la même manière que pour Lao-tseu, l'existence historique du philosophe Tchouang-tseu ou Maître Zhuang n'est pas avérée : originaire d'un village situé dans le Henan actuel, il aurait occupé un petit emploi de fonctionnaire. Il devient dès le Ier siècle de notre ère une divinité apparaissant régulièrement aux hommes pour les guider vers le tao.

| Peinture de Tchouang-tseu rêvant d'un papillon.

On lui attribue la rédaction d'un recueil – le *Zhuangzi* – qui constitue l'un des textes de référence de la littérature taoïste, datant de 350 à 275 av. J.-C. Il s'agit d'une œuvre composée de petites histoires et d'allégories pleines d'humour dans lesquelles Tchouang-tseu développe ses enseignements. Pour le penseur, l'ordre est naturel par opposition au désordre qui ne l'est pas, et la place du saint doté de traits surnaturels, contenant en lui tout l'Univers, est centrale. Contrairement à Lao-tseu, Tchouang-tseu prône le concept de « non-agir » dans sa dimension strictement individuelle, excluant toute vocation politique.

LE TAOÏSME : UNE RELIGION D'ÉTAT À SON APOGÉE

C'est sous les Han, durant la période des Royaumes combattants, que naît l'école Huang-Lao à laquelle sont associés Lao-tseu et le mythique « Empereur jaune », Huang Di (souverain de Chine, vers 2698 av. J.-C.-vers 2597 av. J.-C.), l'un des patrons du taoïsme. Ses principes : le renoncement aux richesses et l'art de gouverner par la non-intervention.

| Statue de l'Empereur jaune.

À la fin de la dynastie des Han, deux mouvements taoïstes issus de l'école de Huang-Lao se développent parallèlement. Le premier, celui des Turbans jaunes apparaît au centre et à l'est de la Chine. Il se rebelle contre le pouvoir en place auquel il reproche sa corruption et sa décadence, mais il disparaît écrasé par les armées des Han en 184. Le second, celui des Cinq Boisseaux de riz (correspondant au montant en nature exigé par ses membres pour la communauté), dit aussi « des Maîtres célestes », se diffuse durablement dans le Sichuan. Un État « taocratique » indépendant est instauré dans cette région et reconnu officiellement en 215, au moment de la chute des Han.

Bien qu'intégrant un certain nombre d'éléments de la religiosité populaire, les Maîtres célestes luttent contre les sorciers exorcistes appelés « *wu* », les médiums, devins et prophètes, et globalement contre tous ceux qu'ils considèrent comme des charlatans. Les Maîtres célestes et la bureaucratie taoïste sous leur autorité entendent combattre les faux messies qui prétendent incarner Lao-tseu et réguler les relations que le peuple entretient avec le sacré. Leur objectif est d'asseoir l'autorité en place autour d'un taoïsme délesté de ses superstitions.

Ces croyances populaires, très ancrées dans la société chinoise, se traduisent sous forme de miracles et de cultes locaux rendus à des dieux non répertoriés dans le panthéon officiel, composé comme suit :

- le groupe des « Trois Vénérables célestes » ou « Trois Purs », qui représentent les trois aspects du tao ;

- au centre de cette triade, le vénérable céleste de l'« Origine primordiale » – aspect le plus élevé de l'absolu ;
- à sa gauche, le vénérable céleste du « Joyau magique », principal révélateur des écritures sacrées ;
- à sa droite le vénérable céleste de la « Voie et de la Vertu », Laozi divinisé, le Suprême Seigneur, généralement représenté avec une longue barbe, assis sur un trône ;
- viennent ensuite les « Quatre Ministres célestes », chargés de diriger le ciel et la terre, et les « Trois Fonctionnaires » qui jouent un rôle d'intermédiaire avec l'au-delà.

| Sculpture de la Montagne des Immortels (Chine, XIXe siècle) représentant 23 divinités du panthéon taoïste.

Les adeptes du taoïsme se doivent de respecter des rituels et des règles de pureté parmi lesquelles l'interdiction d'honorer les dieux de la Chine ancienne, qui font l'objet de sacrifices sanglants, et l'obligation de respecter la nature et la vie animale. Très organisé sur le plan administratif et institutionnel, d'inspiration égalitaire et communautaire, le taoïsme prend à cette époque une ampleur nouvelle.

On assiste pour la première fois à l'avènement d'un taoïsme officiel doté d'une organisation ecclésiastique et de principes (l'art du non-agir, l'équilibre et l'harmonie avec la nature, la quête de l'immortalité) dont les contours généraux subsistent encore aujourd'hui. En dépit de cette organisation institutionnalisée, le taoïsme continue d'être imprégné de croyances populaires d'autres courants de pensées venant l'influencer.

À partir du IVe siècle, un nouveau taoïsme appelé Shangqing, la « Pureté suprême », fait son apparition. Contrairement au courant des Maîtres célestes, il se fonde sur une pratique individuelle basée sur la méditation, la gymnastique et la récitation des textes sacrés. Parallèlement se développe le taoïsme *Lingbao* ou « École du Joyau magique », un mouvement influencé par le bouddhisme qui s'articule quant à lui autour de rituels collectifs et fait profondément évoluer la liturgie.

Peu à peu, le taoïsme absorbe différents éléments de l'enseignement du Bouddha et subit les influences d'autres courants religieux du Moyen-Orient et de l'Asie centrale. Résultat : le panthéon est élargi, les rites diversifiés, l'organisation plus hiérarchisée. En 444, on parle même d'avènement d'une « papauté » taoïste.

<u>Le Canon taoïste ou *Daozang*,</u> <u>« Trésor du Dao »</u>

La première version du canon (ensemble des textes sacrés de référence) taoïste est composée au Ve siècle par Lu Xiujing (406-477), un maître taoïste, sa structure s'inspirant du canon bouddhiste. Au fil des siècles, il s'enrichit et se recompose : la version actuelle, élaborée sous la dynastie des Ming (1368-1644), comprend 1 500 textes.

Le mouvement atteint son apogée sous la dynastie Tang (618-907) dont le nom de famille Li participe du rayonnement de la religion. En effet, la dynastie Tang a été fondée par la famille Li, qui est aussi le nom prêté à Laozi. Cette dynastie le revendique donc pour asseoir son pouvoir. En 666, Laozi est canonisé et un titre impérial lui est décerné. Reconnu jusqu'au sommet de l'État, le taoïsme est pratiqué par une grande partie de la population. Il dépasse même les frontières de la Chine centrale, s'étendant jusqu'à Karakhoja en Asie centrale. En 741, des académies d'État sont établies et les textes taoïstes sont intégrés aux cursus d'examens d'entrée dans la fonction publique.

Cette époque est marquée par le développement d'une forme de mysticisme reposant sur une méditation silencieuse et sans images. On trouve néanmoins une iconographie taoïste abondante, la représentation des dieux et du sacré étant par ailleurs autorisée.

Durant cette période, les recueils hagiographiques se multiplient et de grands ritualistes comme Zhang Wanfu (vers 711) et Du Guangting (850-933) fixent l'ordonnance décidant de la liturgie et des règles qui président à l'ascension des prêtres dans la hiérarchie. La multiplication des textes auxquels se mêlent de « fausses révélations » émanant de groupuscules pousse en effet les leaders taoïstes à constituer une nouvelle version du canon, ou *Daozang*, rassemblant tous les textes jugés fiables et authentiques. Avec la réunification de l'Empire (979), la doctrine des « trois enseignements » désigne le taoïsme, le bouddhisme et le confucianisme comme les trois écoles de pensée de la Chine reconnues par l'État. Un système qui perdurera jusqu'à la chute de l'Empire en 1912.

TURBULENCES ET DÉCLIN

Les relations avec le confucianisme et le bouddhisme étant désormais officiellement réglementées, il s'agit désormais pour le clergé taoïste de pondérer l'influence des croyances populaires basées notamment sur le culte des défunts et la pratique de sacrifices sanglants. Une lutte s'engage contre les courants hérétiques, contribuant à l'émergence de sectes et de groupuscules secrets. La période des Song (960-1279) est celle des troubles et des tensions. Le clergé cherche à encadrer le culte voué aux saints locaux en l'intégrant au panthéon taoïste composé en son sommet de la triade des « Trois Vénérables célestes » ou « Trois Purs » – le Pur de Jade, le

Pur Supérieur (*Dao jun* ou Seigneur Tao) et le Pur Extrême (ou *Lao jun*).

Au XIIe siècle, Wang Zhe (1113-1170) fonde l'école Quanzhen ou « Vérité intégrale », aussi appelée « Fleur d'or », qui donne naissance à cinq congrégations (fédérations de monastères obéissant aux mêmes règles). Cette école de pensée intègre les vertus confucéennes autant que les méthodes bouddhistes, exhortant les fidèles à lire des classiques tels que le *Livre de la piété filiale* (vers 551 av. J.-C.-vers 449 av. J.-C.) de Confucius et les sutras (enseignements ou leçons de vie) bouddhistes.

Adepte d'un syncrétisme intégrateur, Wang Zhe prône l'ascétisme et la pauvreté matérielle, s'inscrivant en faux contre les pratiques des taoïstes de cette époque, marquées par la richesse et la corruption. Sa popularité s'étend pendant un demi-siècle. Au XIIIe siècle pourtant, les bouddhistes, qui déplorent les persécutions auxquelles ils seraient soumis, provoquent un débat doctrinal qui se solde par une défaite des taoïstes : le Mongol Kubilay (1214-1294), devenu empereur de Chine, ordonne que tous les livres taoïstes soient brûlés, à l'exception du *Daodejing*.

Au cours des deux dernières dynasties impériales, les Ming puis les Qing (1644-1911), les relations entre les taoïstes et le pouvoir politique se distendent considérablement. Le pouvoir s'oppose au taoïsme, dont les pratiques superstitieuses et divinatoires lui font perdre crédit auprès des élites intellectuelles, au profit du bouddhisme, mais surtout du confucianisme dont la pensée s'adresse traditionnellement aux gouvernants et aux élites intellectuelles. Doctrine morale, sociale et politique, le confucianisme n'est pas universellement reconnu comme une confession à part entière. Quoi qu'il en soit, la pensée de Confucius a imprégné durablement l'administration chinoise et produit des générations de fonctionnaires.

Le taoïsme perd en prestige et en rayonnement, notamment auprès des lettrés. En 1898, pendant la réforme des Cent Jours, des propriétés monastiques sont confisquées pour y installer des écoles publiques.

LE TAOÏSME EN PERTE DE VITESSE

Naguère influente et proche du pouvoir, la doctrine taoïste perd de son aura et de son prestige.

Liang Qichao (1873-1929), avocat du renouveau social de la Chine, a des mots très durs envers ce mouvement. Le taoïsme ne devrait, selon lui, pas être inclus dans l'histoire religieuse chinoise. Il y voit une humiliation, allant même jusqu'à écrire que le « pays n'en a jamais tiré aucun avantage » (cité par Javary (Cyrille), *Les trois sagesses chinoises. Taoïsme, confucianisme, bouddhisme*, Paris, Albin Michel, 2010). Au début du XXe siècle, dans sa revue *Quijyi bao* (« Journal du conseil désintéressé »), il s'attaque à la notion générale de religion en tant qu'institution, amorçant une attaque en règle contre la religion d'État.

Alors que la religion de Lao-tseu s'affaiblit, le bouddhisme et le confucianisme gagnent du terrain. Le déclin s'accélère et parvient à son terme avec l'avènement de la République en 1912. Les pratiques taoïstes, très implantées dans la culture populaire et la société traditionnelle chinoises, deviennent une cible. Les intellectuels et les tenants d'un régime nationaliste fort et unifié veulent en finir avec ce qu'ils considèrent comme une tradition dépassée et empreinte de superstitions par opposition à la notion de religion jugée acceptable, c'est-à-dire le confucianisme, le bouddhisme et ce que l'historien Vincent Goossaert nomme un taoïsme « épuré » (*Rites populaires et religion savante*, Paris, Albin Michel, 2000), délesté de ses superstitions et cultes locaux. En 1920, tous les temples dédiés aux divinités, mais aussi les rituels basés sur les talismans et autres formules magiques sont strictement interdits. La mise en place du régime nationaliste en 1927, puis du régime communiste en 1949, accélère cette évolution.

Néanmoins, en 1957, le taoïsme est officiellement reconnu par le pouvoir en place. Mao Zedong (homme d'État chinois, 1893-1976) encourage en effet à cette époque la création d'associations religieuses sous le contrôle de l'État : l'Association taoïste de Chine est fondée et devient l'une des cinq religions reconnues par l'État avec le Mouvement patriotique protestant triplement autonome de Chine, l'Association bouddhiste de Chine, l'Association islamique de Chine et l'Association patriotique catholique de Chine. Le confucianisme en revanche n'est pas reconnu par l'État communiste comme une religion.

Ces associations, bien que théoriquement indépendantes, sont en réalité placées sous l'autorité du Bureau des Affaires religieuses (BAR) créé en 1954. Quoique reconnaissant la liberté de culte aux croyants, les élites chinoises entreprennent une vaste campagne anti-taoïste en détruisant temples, livres et œuvres d'art, mais aussi en mettant à l'index des prêtres. Pendant la Révolution culturelle (1966-1976), certains lieux de culte sont réaffectés à d'autres institutions jugées plus utiles, comme des écoles, affaiblissant considérablement le poids du taoïsme dans la société chinoise.

Si les croyances populaires – qui constituaient naguère le socle de la société chinoise – sont dans la ligne de mire du régime, le taoïsme dans sa dimension élitiste continue d'exister. Aussi, une petite minorité du clergé taoïste bénéficie de l'indulgence des autorités vis-à-vis de quelques grands monastères de prestige qui sont autorisés à rester ouverts. Il faudra toutefois attendre les années 1980 et la fin de la Révolution culturelle pour voir le taoïsme reprendre un souffle nouveau, encore vivace aujourd'hui.

LES PRINCIPAUX ENSEIGNEMENTS DU TAOÏSME

LA QUÊTE D'IMMORTALITÉ

Le taoïsme questionne les rapports que les hommes entretiennent avec la nature, avec l'objectif de retrouver l'unité primordiale – le tao – antérieure à la création du monde, sur la voie de l'immortalité. Dans la cosmologie chinoise, il n'existe pas de séparation entre la matière et l'esprit, l'Univers étant formé d'une seule essence. L'immortel est souvent représenté comme ayant un corps de lumière, visible et sensible, mais inaccessible aux changements du temps.

Le taoïsme est une religion du salut : la quête d'immortalité traverse tous ses enseignements. Dans la philosophie taoïste, l'idéal est de sortir de la temporalité pour rejoindre l'immortalité absolue. C'est toute la philosophie du tao.

> « Qui reste à sa place vit longtemps,
> Qui est mort sans être disparu atteint l'immortalité. »
> (LAO-TSEU, *Tao-tö king*, chap. XXXIII, Paris, Gallimard, coll. « Folio sagesses », 2002)

La quête d'immortalité taoïste consiste en un travail sur l'individu, corps et esprit, afin d'y détruire les causes du déclin et de la mort intérieure, de maîtriser le cours du temps et de s'assimiler au rythme naturel de l'Univers. Les taoïstes parlent d'« alchimie intérieure ». Il s'agit de créer un corps immortel en soi : au moment du décès, il se déleste de son enveloppe physique pour monter au Ciel.

Selon la doctrine taoïste, l'ego et la mort ne sont qu'illusion : le tao est un. Immortel, éternel, il ne connaît aucune limite de temps ni d'espace. Le tao est la « voie » à l'origine de tout ce qui existe, le fondement de l'Univers, l'énergie comme la matière et la pensée. Il constitue le processus créatif dont toute la vie émane. Rien n'est immuable ni absolu, tout est impermanent et relatif. Le tao est l'ineffable, le premier principe, la puissance suprême que l'on ne peut nommer, par essence indéterminé et transcendant. Par extension, cette notion exprime une manière de procéder, l'ordre que l'on observe, la voie que l'on suit.

Cette recherche de l'immortalité occupe une place centrale dans la pensée de Lao-tseu. Vivre bien et longtemps implique de préserver l'intégrité de sa personne, non seulement celle du corps physique, mais aussi celle de l'esprit. Il s'agit, par des procédés alchimiques – préparation de potions, techniques de méditation ou encore de respiration –, de faire vivre au-delà de la mort le corps matériel pour qu'il devienne immortel.

Cette quête s'est traduite dans le taoïsme religieux et populaire. En réaction à la religion sacrificielle antique caractérisée par une hiérarchisation sociale très importante, les penseurs taoïstes élaborent une voie de salut plus individuelle et égalitaire : il s'agit du modèle des Immortels, ces hommes qui ont échappé aux contingences sociales et physiques de l'existence.

L'Immortel est celui qui, grâce son hygiène de vie et son ascèse observées de son vivant, se déleste à sa mort de son corps physique pour se métamorphoser en un être fantastique circulant entre les mondes. Souvent représenté avec un corps de lumière sensible et visible, il est doté de nombreux pouvoirs.

Selon les textes taoïstes, le saint ou Immortel est courageux et ne craint pas la mort, il a le don d'ubiquité et sa présence est évanescente : le saint « chevauche le soleil et la lune, et s'ébat au-delà des quatre mers. La mort et la vie ne lui font de différence » (Tchouang-tseu, *Œuvre complète*, chap. II, Paris, Gallimard, coll. « Folio essais », 2011). Il participe de la « vertu » du cosmos, ne fait plus qu'un avec le cycle des saisons, les dieux et les esprits. En fusionnant intégralement avec le tao, le saint taoïste atteint ainsi à son tour l'immortalité.

Enfin, il n'est pas seulement doté de pouvoirs extraordinaires ; il incarne l'homme accompli, celui qui a réussi son intégration dans le tao. Contrairement au modèle chrétien, il ne s'inscrit pas dans un rapport du bien contre le mal : il réalise un cheminement intérieur qui vise à garantir la paix et la tranquillité, en pleine harmonie avec la nature.

Au fil des siècles, le panthéon taoïste s'est en-richi, chaque école, chaque nouvelle révélation ajoutant ses dieux aux anciennes divinités déjà existantes. De ce fait, il rassemble des divinités liées aux mythes locaux et aux héros légendaires émanant des croyances populaires, et des Immortels comme Lao-tseu.

Personnage de la mythologie chinoise, la Reine mère de l'Ouest, introduite dans le panthéon taoïste sous les Han, est res-ponsable du paradis de l'Ouest. Elle tient une relation privilégiée dans le panthéon à l'instar de l'Empereur jaune, Huang Di.

Introduit durant la même période dans le panthéon, l'Empereur de Jade est quant à lui en charge du destin des hommes et du décompte de leurs mérites, détenant même le pouvoir de les élever au rang d'Immortels.

Plus caractéristique des héros légendaires issus de la culture populaire, Xu Xun est, se-lon la légende, un sage fonctionnaire, dont la bravoure face à des dragons destructeurs lui vaut un culte et une liturgie (ensemble des prières, rites et cérémonies dédiés à un dieu) sous la dynastie des Song.

ÉQUILIBRE ET HARMONIE AVEC LA NATURE

La pensée taoïste est moniste, c'est-à-dire qu'elle place l'homme au cœur de la nature. Pour être en harmonie avec celle-ci, l'homme soit suivre le cours naturel des rythmes de la terre. Son credo : être ici et maintenant. La question de l'équilibre et de l'harmonie en constitue la pierre angulaire. Il s'agit moins de comprendre les principes qui régissent le tao que de vivre en harmonie avec lui.

L'univers est ainsi le fruit de l'accomplissement de l'œuvre du tao et chaque homme tient une place, a sa partition à jouer dans le grand concert universel. L'objectif est simple : se libérer des contraintes en recouvrant l'authenticité naturelle et primordiale et en imitant le mouvement de la nature à l'origine des « dix mille êtres ». L'homme peut alors atteindre l'unité, causes et conséquences constituant les faces d'une même pièce.

> « Le Tao engendre Un, Un engendre Deux, Deux engendre Trois et Trois engendre dix mille êtres du Cosmos. Ces dix mille êtres portent le Yin sur le dos et le Yang, mêlant leurs souffles, ils réalisent l'harmonie. » (LAO-TSEU, *Tao-tö king*, chap. XXXXII, Paris, Gallimard, coll. « Folio sagesses », 2002)

Dans la cosmogonie chinoise, les « dix mille êtres » ou *Wanwu* désignent ce qui compose l'Univers et l'ensemble des êtres dans la succession des temps. Ils naissent grâce à la réunion du yin et du yang ; le nombre 10 000 renvoie à la notion d'infini, à ce qui est innombrable.

Le yin représente la vertu féminine intégratrice et unificatrice par opposition au yang, vertu masculine qui différencie, sépare et active. Ces principes, théorisés dans le *Yijing*, constituent des aspects fondamentaux du taoïsme. Le yin et le yang sont deux principes opposés mais complémentaires d'une même réalité. Ils sont parfois illustrés par un dragon et un tigre enchaînés dans une lutte sans fin qui impulse une dynamique dans le réel. Le yin est associé au féminin et à la Terre, le yang au masculin et au Ciel, ces deux aspects liés en vertu du principe de la résonnance, principe cosmique selon lequel toutes les choses de l'Univers sont reliées et s'influencent les unes les autres.

| Le yin et le yang.

Ils constituent le socle complexe et structuré de la cosmologie taoïste à laquelle sont également associés les cinq éléments matériels (*wuxing*). Chacun de ces éléments est associé à un chiffre : un pour l'eau, deux pour le feu, trois pour le bois, quatre pour le métal, cinq pour la terre. Ce système et ces principes structurent la liturgie taoïste, garante de l'harmonie de l'homme avec l'Univers.

« Le yin extrême est repli et froidure, le yang extrême est brillance et ardeur. Repli et froidure émergent du Ciel. Brillance et ardeur s'exhalent de la Terre. Tous deux se croisent et s'accomplissent en harmonie, et les êtres en naissent. » (TCHOUANG-TSEU, *Œuvre complète*, chap. XXI, Paris, Gallimard, coll. « Folio essais », 2011)

Dans cette citation, le yin (repli et froidure) émerge du yang (du Ciel) ; et le yang (brillance et ardeur) s'exhale du yin (la Terre), démontrant bien la connexion des deux principes. Le yin et le yang sont complémentaires et cette complémentarité s'inscrit dans une dynamique faite d'attirance et de rejet, d'équilibre et de tensions. Ils expliquent le mouvement perpétuel du monde, la croissance de l'un induisant forcément la décroissance de l'autre. Le yin et le yang ne sont ni des substances ni des entités. L'action de ces deux forces régule tout entière la vie de l'homme, mais aussi celle du règne animal et végétal. Elle pénètre tous les plans de l'existence, physiques et spirituels. De l'intimité du cadre familial à l'immensité de l'Univers, l'équilibre de ces deux forces est le garant de l'harmonie.

Le sage taoïste en est la parfaite illustration : immobile, il communie au mode yin ; agissant, il communie au mode yang. En lui s'équilibrent esprit et sentiments, intelligence et instincts. N'étant ni négatif ni positif, il adopte une posture alignée. Seule l'harmonie avec la nature permet d'accéder à cette sagesse. En plaçant son cœur et son esprit dans la voie du tao, en se conformant aux lois de la nature, l'homme peut ainsi espérer atteindre l'unité.

L'ART DU « NON-AGIR »

Mais pour atteindre équilibre et harmonie, il lui faut dépasser le conflit et la dualité du bien et du mal, de la beauté et de la laideur, du froid et du chaud. Il s'agit de libérer les potentiels, mais sans intervention extérieure, d'accompagner le mouvement sans agir : c'est le principe du « non-agir », l'un des principes fondamentaux du taoïsme. Cette pratique du *wu-wei* (ou *wu-hsü*) a pour but d'atteindre l'harmonie suprême en agissant en conformité avec la voie, pour revenir à l'unité originelle du tao. Dans un Univers en perpétuelle transformation, la seule action possible est celle de la non-action.

Absent de la pensée occidentale, le principe du non-agir fait partie des enseignements phares du taoïsme et il a traversé les siècles. L'expression paradoxale de *wei-wu-wei*, « agir sans agir », est notamment utilisée par Lao-tseu et reste l'objet de nombreuses interprétations. Il ne s'agit en aucun cas de ne rien faire, mais plutôt de donner libre cours à sa nature, de laisser le flux de la vie s'écouler sans l'entraver. Cette pratique suppose de développer plusieurs qualités parmi lesquelles l'intuition, l'acceptation et le lâcher-prise.

« Non-agir » ne signifie pas « rester passif », mais accepter ce qui vient sans résister, laisser l'ego de côté pour éviter qu'il ne prenne le contrôle et faire confiance à l'instinct. Le comportement non intentionnel et spontané du taoïste suppose qu'au lieu d'imposer son action et de s'exprimer personnellement, il laisse la vie elle-même agir et s'exprimer à travers lui. Ainsi, pour un mendiant, la bonne attitude sera de laisser s'exprimer la générosité des passants sans la quémander ; ou, pour tout un chacun, de prendre exemple sur l'eau qui coule et surmonte les obstacles sans effort.

Au niveau éthique, le *wu-wei* se manifeste chez celui qui a cessé les actions égoïstes et passionnelles et les a remplacées par l'humilité, l'altruisme, la tolérance, la douceur, et ceci sans aucune velléité d'accéder à la sagesse.

LE NON-AGIR APPLIQUÉ À LA POLITIQUE

Lao-tseu a fait du *wu-wei* un principe politique de gouvernement idéal. À la différence de Tchouang-tseu qui s'oppose à toute forme d'organisation sociale, Lao-tseu applique le non-agir à l'art de gouverner. Pour ce dernier, le bon gouvernement est celui qui se garde d'intervenir sur le cours des événements. Le trône des empereurs chinois était d'ailleurs surmonté d'un panneau de laque portant l'inscription « *wu-wei* », une devise qui a traversé les siècles jusqu'à la fin de la Chine impériale en 1911.

Quand un homme se trouve en état de « non-agir », le *qi*, souffle suprême, peut circuler librement. L'homme se trouve alors dans un état de veille créative semblable à un lac calme et limpide. Le *wu-wei* induit deux états opposés, mais complémentaires : relaxation suprême et créativité exponentielle. L'homme qui atteint cet état en s'ouvrant au tao est doté d'une efficacité supérieure développée sans effort. L'esprit fait le vide en lui-même, se libère des tensions qui le tenaillent, permettant aux couches profondes et inconscientes de participer à la vie universelle. Il s'agit d'un « agir » spontané qui s'inscrit dans le flux du tao.

Dans le *Livre de la Voie et de la Vertu*, c'est un « agir », une action qui ne s'oppose pas au cours des choses, qui s'inscrit dans le respect de l'ordre naturel sans intention personnelle. Le *Zhuangzi* souligne quant à lui le lien entre *wu-wei* et spontanéité, démontrant que, libéré de sa raison analytique et guidé par l'intuition, l'individu développe une habileté de cœur. Enfin, pour tous les taoïstes, il est primordial de suivre le mouvement de la nature et de la voie (tao) en y associant à la fois le corps et l'esprit.

QI OU L'ÉNERGIE VITALE

Le mot *qi* signifie « souffle humide, vapeur » et désigne l'énergie vitale qui anime tous les êtres. Agir, nourrir et mettre en harmonie son *qi* avec les forces de l'Univers permet une maîtrise de soi et un alignement du corps et de l'esprit. Afin d'y parvenir, les taoïstes préconisent des entraînements physiques, psychologiques et spirituels nécessaires pour laisser le *qi* circuler et le purifier.

LES PRINCIPALES PRATIQUES DU TAOÏSME

LE CORPS AU PREMIER PLAN : MÉDECINE, ALIMENTATION ET SEXUALITÉ

Dans la doctrine taoïste, le corps est perçu comme un microcosme (une image réduite du monde) sacré qui, sur la base du principe de la résonance, communique en permanence avec l'Univers. L'adepte prend soin de son corps par des pratiques consistant à nourrir le principe vital, l'objectif sous-jacent étant de favoriser sa réintégration dans le tao.

> « L'essentiel pour nourrir le principe vital est de saisir les principes du Ciel. » (TCHOUANG-TSEU, *Œuvre complète*, chap. III, Paris, Gallimard, coll. « Folio essais », 2011)

Pour les taoïstes, le corps humain symbolise un monde à lui tout seul. Il est, à l'instar de l'Univers, le lieu où l'énergie va et vient de manière naturelle. Le corps est souvent représenté par une montagne creuse qui, par sa position entre Ciel et Terre, constitue un accès de premier choix au tao. Il est un paysage, un mini-univers peuplé de divinités, fait de vallées, de cours d'eau et d'étoiles.

Cette vision du corps est intimement liée à la conception du monde et à la cosmologie taoïstes. Elle se fonde sur les mêmes concepts de yin et de yang qui régissent le fonctionnement de l'Univers. Le corps est le passage entre l'intérieur et l'extérieur ainsi qu'un lieu de circulation des énergies. Les taoïstes le considèrent comme une entité multiple et complexe dont il faut maintenir l'équilibre.

Contrairement aux bouddhistes et aux adeptes des religions monothéistes, ils n'associent pas le corps humain à l'impureté ou au péché, mais davantage à un véhicule créateur, partie prenante du souffle originel. Ainsi, chez un individu en bonne santé, le souffle circule partout facilement. *A contrario*, un corps malade est en proie à des blocages qui gênent ou rendent difficile la circulation des énergies.

> « Souffler et respirer, expirer et inspirer, expirer l'air vicié et inhaler de l'air pur, s'étirer à la manière de l'ours ou de l'oiseau qui déplie ses ailes ; tout cela vise à la longévité. » *(Ibid.*, chap. XV)

La doctrine taoïste insiste beaucoup sur les techniques favorisant la longévité. La pratique de la gymnastique et certaines méthodes respiratoires destinées à rendre le corps ouvert à la circulation des énergies en font partie. De mauvaises habitudes et un moral faible peuvent amoindrir le flux du *qi*. En revanche, un entraînement du corps, mais aussi de l'esprit, en renforcera le passage. Ceux qui parviennent à préserver cette énergie vitale conservent leur santé physique et spirituelle. Ils peuvent prétendre à une vie longue, voire à l'immortalité. À noter aussi que le taoïsme a joué un rôle important dans la médecine chinoise ; pendant plusieurs siècles, les saints patrons des médecins étaient des taoïstes.

LA RESPIRATION EMBRYONNAIRE

Parmi les méthodes de respiration pratiquées par les taoïstes, on trouve la « respiration embryonnaire », qui consiste à inhaler l'air à travers le nombril et les pores.

L'aspiration à l'immortalité passe par une hygiène de vie stricte, à commencer par le choix de l'alimentation. La viande, les mets fermentés, mais aussi les céréales, sont généralement proscrits. L'objectif est clair : il s'agit d'extirper toutes les causes de la mort en soi.

Outre les jeûnes alimentaires, le taoïsme préconise un jeûne du cœur tel qu'il est décrit dans le *Zhuangzi*. Grâce à la pratique de la méditation *zwowang* (« s'asseoir et oublier »), l'individu peut se délester de ses pensées et son esprit se dissoudre dans le tao. Dans la méthode dite de « l'alchimie intérieure », la méditation silencieuse est fondamentale pour acquérir la clarté mentale et le calme nécessaires à l'accomplissement spirituel. Mais il n'y a pas d'accomplissement sans le corps qui, comme nous l'avons déjà souligné, ne fait l'objet d'aucune diabolisation chez les taoïstes, bien au contraire.

LE SAVIEZ-VOUS ?

La méditation assise consiste à tenir ses jambes croisées – position qui s'est imposée sous l'influence des bouddhistes –, à garder

La corporalité, et en particulier la sexualité, sont centrales et sacralisées dans le taoïsme. La gestion de la sexualité passe par une régulation des forces yin et yang. Pour cela, la jouissance de l'homme comme de la femme est essentielle. Dans cet esprit, la femme doit développer ses aspects yang pour émettre son essence yin vers l'homme qui, de son côté, doit stimuler ses aspects yin pour la recevoir. L'un et l'autre ont besoin de la jouissance du partenaire pour augmenter leur harmonie interne. Cette union sexuelle se doit d'être maîtrisée, en particulier lors de l'éjaculation : il s'agit alors pour l'homme de retenir la semence, un contrôle du corps qui lui permet de se renforcer physiquement et de conserver un esprit vif et clair.

RITUELS ET CÉRÉMONIES

La force du tao se traduit dans les cycles de renouvellement de la nature : succession des saisons, cycles du soleil et de la lune, gestation et croissance des animaux et des plantes. Tous les événements importants de la vie sociale humaine et de la vie du cosmos sont scandés par des célébrations rituelles qui ont une seule vocation : permettre un retour à l'ordre naturel des choses en extirpant les souffles impurs et en remettant les dieux et les vivants à leur place.

Le rituel taoïste se décline aussi bien sur le plan extérieur que sur un plan plus intérieur, celui de la méditation du prêtre, le maître officiant. Des actes symboliques assurent la liaison entre les deux plans. Les cérémonies, où l'on communique avec les divinités, ont lieu traditionnellement en plein air : l'autel est constitué de trois autels superposés qui correspondent aux trois étages de la cosmologie taoïste (Ciel, Terre, hommes). Elles peuvent également se dérouler dans un temple ou dans une maison où le prêtre taoïste est convié.

Dans tous les cas de figure, le rituel commence par la délimitation de l'aire sacrée et la consécration de l'autel, suivies d'invocations de divinités et d'offrandes (thé, encens) qui constituent une composante importante du rituel taoïste. Aujourd'hui, les cérémonies peuvent durer jusqu'à sept jours, voire davantage dans certains cas. Elles rassemblent des laïcs sélectionnés pour participer au rituel tandis que le reste de la communauté assiste aux festivités organisées à l'extérieur de l'aire sacrée (banquets, processions, représentations théâtrales).

LES RITES FUNÉRAIRES

Les taoïstes distinguent le rituel des vivants (*jiao*) de celui des morts. Dans le premier, les dieux du panthéon sont invités, célébrés et remerciés avant d'être respectueusement renvoyés. Dans le second, il s'agit de ramener les âmes souffrantes dans l'air sacré pour les nourrir, les laver et leur permettre de rejoindre le Ciel.

Lors du décès d'un homme, les rites funèbres démarrent dès sa mort. On pose alors du papier blanc sur le corps du défunt en même temps que l'on s'affaire près de l'autel des ancêtres présent dans chaque maison. Puis, lors des funérailles, on offre de l'encens et de l'argent pour aider le défunt à surmonter les obstacles posés sur son chemin dans le monde souterrain. Les septième, neuvième et quarante-neuvième jours après les funérailles, mais aussi à l'occasion du premier et du troisième anniversaire de la mort, des cérémonies sont organisées en l'honneur du défunt.

Caractérisée par une place importante accordée à la musique et au théâtre, la liturgie taoïste se décline en une pluralité de traditions dans lesquelles les coutumes locales jouent un rôle de premier plan. En l'absence de pratique unifiée, ces dernières se sont multipliées en fonction des panthéons locaux et des usages culturels qui les accompagnent. Aujourd'hui encore, elles continuent de vivre dans la Chine contemporaine.

LE TAOÏSME AUJOURD'HUI

LE RENOUVEAU DU TAOÏSME EN CHINE

Quelque deux millions de taoïstes pratiquants sont recensés aujourd'hui en Chine, contre 100 millions d'adeptes pour le bouddhisme. Bien que minoritaire, le taoïsme a conservé une aura considérable, plus de 200 millions de Chinois revendiquant l'influence de Lao-tseu dans leur vie. Ainsi, après les grandes vagues répressives subies par les taoïstes jusque dans les années 1970, durant la Révolution culturelle, le taoïsme a retrouvé un certain dynamisme.

Depuis 1980, le renouveau des temples en milieu urbain, doté ou non d'un clergé à résidence, se décline de deux façons différentes. Deux grands courants dominent le paysage taoïste : le courant monacal Quanzhen (« Vérité intégrale », fondé au XIIᵉ siècle) dont le siège se trouve dans le temple des Nuages blancs (*Baiyun Guan*), à

Pékin (Chine), depuis 1984, et le courant Zhengyi, reconnu en 1992, installé dans la province du Jiangxi.

Selon qu'ils sont gérés par le courant monacal Quanzhen ou Zhengyi, ce dernier étant animé essentiellement par des laïcs, les temples prennent des formes différentes. Les premiers sont la plupart du temps ouverts au public pour des pratiques liturgiques, le matin et le soir, mais aussi pour des cérémonies qui ont lieu selon un calendrier de festivités bien établi. Les seconds, des temples communautaires, sont le théâtre de festivals importants et d'activités diverses comme la divination. C'est aussi là que sont gérés litiges et conflits portés devant les dieux, et là que se déroulent les rites funéraires, enseignements et exorcismes.

Dans la Chine contemporaine, mais aussi à Taïwan, le taoïsme reste vivace et très ancré dans la société : les prêtres évoluent au sein des communautés rurales tandis qu'une élite lettrée travaille dans les villes, au sein de grands temples véhiculant une culture faite de philosophie, de poésie, de musique et de calligraphie.

En Chine, des temples bénéficient de subventions des gouvernements et, signe d'une évolution des mentalités, des instituts consacrés à l'étude du taoïsme sont ouverts à Taipei (Taïwan), Pékin, Shanghaï et Chengdu (Chine). Aux abords de cette dernière ville est né un institut taoïste pour hommes au sein duquel sont enseignés les rituels et la gestion du temple, mais aussi la médecine et la musique. Depuis 2007, dans la région du Hunan, berceau historique des cultes féminins, on trouve même un institut d'études taoïstes pour femmes dans lequel sont assurées des activités liées à la cérémonie du thé, la calligraphie et la musique.

Cinéma, littérature, arts martiaux... La culture taoïste influence toute la société chinoise, jusque dans ses strates les plus populaires. Bien que respectueux de ses traditions, ce taoïsme nouveau, simplifié dans ses rituels et ses pratiques, participe de l'affirmation de l'identité nationale chinoise. Il connaît par ailleurs un engouement dans le monde entier, en particulier en Occident.

L'INFLUENCE DU TAOÏSME EN OCCIDENT

L'influence du taoïsme n'est pas restée circonscrite aux frontières de la Chine populaire. Son aura s'est étendue notamment en Europe où le taoïsme, découvert au XVIIIe siècle grâce aux missionnaires jésuites envoyés en Chine pour évangéliser les populations, a séduit nombre d'adeptes. Grâce à la diffusion dans le monde entier du *Daodejing*, traduit en plusieurs langues, la culture taoïste se diffuse. Elle se propage également par le biais des immigrés chinois installés dans les pays occidentaux, mais aussi grâce aux arts – le cinéma, la littérature – qui contribuent à en véhiculer les symboles et les pratiques.

Ce taoïsme prisé par l'Occident, déstructuré et hétérogène, s'inscrit dans une quête de bien-être et de développement personnel en pleine expansion. Pour réaliser le tao, il faut être en bonne santé, dit en substance Lao-tseu. C'est par ce prisme qu'en Europe et en Amérique du Nord, le taoïsme connaît depuis les années 1970 un grand succès. Cet engouement, qui s'inscrit dans l'intérêt très prononcé porté à la médecine traditionnelle chinoise, se traduit par le développement de techniques de respiration, de méditation et de visualisation très prisées par un nombre croissant d'Occidentaux.

L'essor du qi gong en est une belle illustration. Remplacé durant les années 1990 par le *Yangsheng* – qui constitue une branche importante de la médecine chinoise et renvoie à la notion de « nourrir le principe vital » –, cette pratique « corps-esprit » vise à maîtriser le *qi* par des exercices physiques et des mouvements. Objectif : permettre une circulation des énergies harmonieuse et équilibrée. De la même façon, le tai-chi, qui bénéficie d'adeptes toujours plus nombreux, est une pratique fondée sur l'entraînement énergétique selon les principes de la médecine traditionnelle chinoise.

Basées sur la conception taoïste de l'équilibre du yin et du yang, ces pratiques ont une approche à la fois préventive, curative et spirituelle qui rencontre un certain succès dans un Occident en quête de sens, marqué par la perte de ses propres repères religieux traditionnels.

Le qi gong n'est pas une simple pratique corporelle visant le bien-être. Cette « science » venue du tao est étudiée de près par les chercheurs et les médecins du monde entier. En Chine, le régime communiste, qui en a longtemps interdit la pratique, recommande aujourd'hui le qi gong auprès de sa population et jusque dans les hôpitaux. De manière symptomatique, les recherches relatives aux effets du qi gong sur la santé connaissent un intérêt grandissant partout en Orient comme en Occident.

En France, l'hôpital de la Pitié-Salpêtrière à Paris, qui accueille en son sein depuis 2011 un centre intégré de médecine chinoise traditionnelle, a même consacré en 2016 un colloque national de recherches scientifiques au qi gong. Depuis plusieurs mois, l'hôpital en expérimente et en évalue les bénéfices pour soulager des effets secondaires les malades du cancer. Une première !

EN RÉSUMÉ

- Le taoïsme naît avec Lao-tseu, à qui l'on attribue la paternité du *Livre de la Voie et de la Vertu* (*Daodejing*) tandis que l'on attribue à Tchouang-tseu la rédaction d'un recueil – le *Zhuangzi* – qui constitue l'un des textes de référence de la littérature taoïste, datant de 350 à 275 av. J.-C. Les deux sages sont considérés comme les « pères » du taoïsme.

- Le taoïsme est reconnu officiellement en Chine en 215, au moment de la chute des Han, avec la création d'un État « taocratique » indépendant. Faisant partie des « trois enseignements » reconnus par l'État impérial, il jouit pendant plusieurs siècles d'une aura importante puis connaît un déclin inexorable jusqu'au XXe siècle, avec l'avènement du régime communiste chinois.

- Le tao est la « voie » à l'origine de tout ce qui existe, l'énergie comme la matière et la pensée. Il est l'ineffable, le premier principe, la puissance suprême que l'on ne peut nommer.

- Le taoïsme est une religion du salut, dans le sens où la quête d'immortalité traverse tous ses enseignements. Dans la philosophie taoïste, l'idéal est de sortir de la temporalité pour rejoindre l'immortalité absolue.

- La pensée taoïste place l'homme au cœur de la nature. La question de l'équilibre et de l'harmonie avec la nature constitue la pierre angulaire du tao. Le yin (associé au féminin et à la Terre) et le yang (associé au masculin et au Ciel) constituent le socle complexe de sa cosmologie.

- Dans un Univers en perpétuelle transformation, la seule action possible chez les taoïstes est celle de la non-action (*wu-wei*), le concept « d'agir sans agir » qui préconise de laisser le flux de la vie s'écouler sans l'entraver.

- Dans la doctrine taoïste, le corps est perçu comme un microcosme sacré qui communique en permanence avec l'Univers. La doctrine taoïste insiste sur les techniques – méditation, visualisations, postures, exercices physiques – et sur la gestion d'une sexualité tenant compte des principes yin et yang, nécessaires à la préservation d'un corps et d'un esprit en bonne santé.

- Tous les événements importants de la vie sociale sont scandés par des célébrations rituelles qui doivent permettre un retour à l'ordre naturel des choses. Les cérémonies, où l'on communique avec les divinités, ont lieu traditionnellement en plein air : le rituel se décline en une pluralité de traditions liturgiques dans lesquelles les coutumes locales jouent un rôle de premier plan.

- Quelque deux millions de taoïstes pratiquants sont recensés aujourd'hui en Chine. Plus de 200 millions de Chinois revendiquent par ailleurs l'influence de Lao-tseu dans leur vie. Enfin, le taoïsme connaît depuis les années 1970 un succès grandissant en Occident. Cet engouement, qui s'inscrit largement dans une quête de développement personnel, met à l'honneur des techniques corporelles, de respiration et de méditation très prisées par une population de plus en soucieuse de sa santé.

Votre avis nous intéresse !
Laissez un commentaire sur le site de votre
librairie en ligne
et partagez vos coups de cœur sur les réseaux
sociaux !

POUR ALLER PLUS LOIN

SOURCES BIBLIOGRAPHIQUES

- BAUDOUIN (Bernard), *Le Taoïsme, un Principe d'harmonie*, Paris, Éditions de Vecchi, 2007.

- BIANCHI (Ester), *Le taoïsme*, Paris, Hazan, 2010.

- BLOFELD (John), *Le taoïsme vivant*, Paris, Albin Michel, 1994.

- BRUYN de (Pierre-Henri), *Le Taoïsme, chemins de découvertes*, Paris, CNRS Éditions, 2009.

- CHENG (Anne), *Histoire de la pensée chinoise*, Paris, Seuil, 1985.

- DEMARIAUX (Jean-Christophe), *Le Tao*, Paris, Le Cerf, 1990.

- GOOSSAERT (Vincent) et GYSS (Caroline), *Le Taoïsme, La révélation continue*, Paris, Gallimard, 2010.

- GOOSSAERT (Vincent), *Rites populaires et religion savante*, Paris, Albin Michel, 2000.

- GRANET (Marcel), *La religion des Chinois*, Paris, Albin Michel, 1998.

- JAVARY (Cyrille) et FAURE (Pierre), *Le Yi Jing. Le livre des changements*, Paris, Albin Michel, 2012.

- JAVARY (Cyrille), *Les trois sagesses chinois. Taoïsme, confucianisme, bouddhisme*, Paris, Albin Michel, 2010.

- LAO-TSEU, *Tao-tö king*, Paris, Gallimard, coll. « Folio sagesses », 2002.

- PARLER (Martin), *Le Taoïsme*, Paris, Payot & Rivages, Paris, 1997.

- ROBINET (Isabelle), *Comprendre le Tao*, Paris, Albin Michel, 2002.

- ROBINET (Isabelle), *Histoire du taoïsme, des origines au XIVe siècle*, Paris, Cerf, 1991.

- ROBINET (Isabelle), *Méditation taoïste*, Paris, Cerf, 1995.

- SABLE (Erik), *Sagesse libertaire taoïste*, Paris, Dervy, 2005.

- SMEDT de (Marc), *Paroles du Tao*, Paris, Albin Michel, 1995.

- TCHOUANG-TSEU, *Le rêve du papillon*, Paris, Albin Michel, 2008.

- TCHOUANG-TSEU, *Œuvre complète*, Paris, Gallimard, coll. « Folio essais », 2011.

- WATTS (Alan), *La philosophie du Tao*, Paris, Éditions du Rocher, 2000.

- Site du Center of Taditional Taoist Studies. www.tao.org

SOURCES COMPLÉMENTAIRES

- AUGIER (Serge), *Le Grand secret*, Paris, Éditions de la Martinière, 2012.

- DESPEUX (Catherine), *Taoïsme & connaissance de soi – La Carte de la culture de la perfection*, Paris, Éditions Guy Trédaniel, 2012.

- DUCLOS (Marie), *Vivre le Tao*, Paris, Éditions Trajectoires, 2005.

- FAULIOT (Pascal), *Contes des sages taoïstes*, Paris, Seuil, 2004.

- GONIN (Didier), *Réussir sa vie avec le Tao*, Paris, Albin Michel, 2007.

- ROBINET (Isabelle), *Introduction à l'alchimie taoïste. De l'unité et de la multiplicité*, Paris, Cerf, 1995.

- SCHIPPER (Kristofer), *Le corps taoïste*, Paris, Fayard, 1992.

- WANG (Dongliang), *Les signes et les Mutations. Leur approche nouvelle du Yi King*, Paris, L'Asiathèque, 1995.

FILMS ET DOCUMENTAIRES

- *La Voie du Tao. Le taoïsme ou l'art de l'immortalité*, documentaire d'Yves de Peretti, France, 2010.

- « Philosophies chinoises (1/4) : le taoïsme », in *Les Chemins de la philosophie* (France Culture), podcast d'Adèle Van Reeth, France, 2015.

ICONOGRAPHIES

- Brûleur d'encens représentant Lao-tseu sur son buffle (vers le XIV siècle), conservé au George Walter Vincent Smith Art Museum, Massachussetts (États-Unis). La photo reproduite est réputée libre de droits.

- Peinture de Tchouang-tseu rêvant d'un papillon. La photo reproduite est réputée libre de droits.

- Statue de l'Empereur jaune, conservée au musée du Palais (Cité interdite) à Pékin (Chine). © Seasurfer – *wikimedia.commons.org*

- Sculpture de la Montagne des Immortels (Chine, XIXe siècle) représentant 23 divinités du panthéon taoïste, conservée au musée national d'Ethnologie à Leiden (Pays-Bas). © ErikvanB – *wikimedia.commons.org*

- Le yin et le yang. © Dale Leschnitzer – *Flickr.com*

- Temple des Nuages blancs (*Baiyun Guan*) à Pékin (Chine). © Robert Friedler – *wikimedia.commons.org*

50MINUTES.fr

www.50minutes.fr

Éditeur responsable : Lemaitre Publishing
Avenue de la Couronne 159 | BE-1050 Bruxelles
info@lemaitre-editions.com

ISBN ebook : 978-2-8080-0853-2
ISBN papier : 978-2-8080-0854-9
Dépôt légal : D/2018/12603/151
Photo de couverture : © Roman Samokhin –
Fotolia.com

Conception numérique : Primento,
le partenaire numérique des éditeurs.